AF269731

Mi amiga JULIA

Un libro de Sesame Street sobre el autismo

Jennifer Cook

ediciones Lerner ◆ Mineápolis

¡En Sesame Street, celebramos a todos!
Todos los niños experimentan el mundo de
manera diferente y es importante comprender,
apoyar y celebrar la singularidad de cada uno.
Reconocer nuestras similitudes y diferencias
ayudará a enseñarles a los pequeños a
apreciar todas las cosas maravillosas que
cada amigo o amiga trae al mundo.

Saludos.
Los editores de Sesame Workshop

Contenido

Conoce a Julia

Esta es nuestra amiga Julia. Ella es divertida, inteligente y autista.

Que sea autista significa que piensa y juega de maneras propias y maravillosas.

Iguales y diferentes

Igual que a Elmo y a Abby,
a Julia le encanta el arte.

Igual que a Ernie, a Julia le encanta construir.

A Julia le gusta tener siempre con ella a
su amigo conejo, Fluffster.

8

Cuando Julia se siente nerviosa, abraza a Fluffster y se siente segura.

9

Cuando Julia se entusiasma o se
pone nerviosa, suele batir palmas
y saltar. A veces agita las manos.

¡Cuando me siento
entusiasmado,
agito mi súper capa!

Los sonidos elevados suelen molestarle a Julia, pero sus auriculares ayudan a silenciar los ruidos.

A mí encantarme el sonido de las galletas crujiendo en mi boca.

Cuando los sentimientos de Julia son demasiado grandes, sabe cómo calmarse. ¡Sopla burbujas!

15

A algunos amigos les gustan los abrazos cuando están tristes. Cuando Julia se siente triste, le puede ayudar un abrazo de estrella de mar. Extiende las manos y toca las puntas de los dedos de otra persona.

Cuando estoy triste, Julia se queda conmigo hasta que me siento mejor. Es una buena amiga.

17

Nuestras diferencias son lo que nos hacen maravillosos. Y nosotros somos todos iguales de una gran manera: somos todos amigos.

¡Los amigos me ponen feliz!
¡Estoy feliz de que seamos amigos!
19

La amistad

¡Hay muchas maneras de ser un amigo o amiga!

- **Invita** a alguien nuevo a jugar.

- **Muéstrense** cómo juega cada uno.

- **Recuerda** que todos los niños juegan de formas diferentes. Si te confunde la manera en la que un amigo o amiga juega, pregúntales.

- **Túrnense** para hacer lo que cada uno desea hacer.

- **Jueguen** uno al lado del otro si turnarse es difícil. Algunas veces alcanza con solo hacerse compañía.

- **Ten** paciencia. Descansa si sientes frustración.

- **Demuestra** que te preocupas. Haz un dibujo, comparte un juguete u ofrece chocar los cinco.

¡Recuerda que ser **diferentes** es lo que hace que la amistad sea grandiosa!

Glosario

amiga, amigo: alguien que se preocupa por ti, pasa tiempo contigo y es amable contigo

autista: que tiene una forma única de comprender el mundo y a las demás personas. El autismo puede hacer que sea difícil comprender a los amigos y a los sentimientos. También puede hacer que alguien sea cariñoso e inteligente.

entusiasmado: muy ansioso o feliz

nerviosa: que siente preocupación, ansiedad o incertidumbre

Otros títulos

Duling, Kaitlyn. *My Friend Has Autism*. Mineápolis: Jump!, 2020.

Miller, Marie-Therese. *Aprecio con Beto y Enrique: Un libro sobre la empatía*. Mineápolis: ediciones Lerner, 2024.

Sotomayor, Sonia. *Just Ask! Be Different, Be Brave, Be You*. Nueva York: Philomel Books, 2019.

Índice

Créditos por las fotografías

Acerca de la autora

Se detectó que Jennifer Cook estaba dentro del espectro del autismo en 2011, justo después de recibir el mismo diagnóstico de sus tres hijos. Es autora de ocho libros muy vendidos traducidos a ocho idiomas, ha asesorado a la Casa Blanca y a los Institutos Nacionales de Salud, apareció en la docuserie de Netflix *Amor en el espectro* y ocupa un lugar en el Consejo de Asesores Autistas de la Sociedad de Autismo de los Estados Unidos.

Para mis hijos

Traducción al español: TM and © 2026 Sesame Workshop.
Título original: *My Friend Julia: A Sesame Street® Book about Autism*
Texto: TM and © 2024 Sesame Workshop.
La traducción al español fue realizada por Zab Translation.

ediciones Lerner
Una división de Lerner Publishing Group, Inc.
241 First Avenue North
Mineápolis, MN 55401, EE. UU.

Si desea averiguar acerca de niveles de lectura y para obtener más información, favor consultar este título en www.lernerbooks.com.

Fuente del texto del cuerpo principal: Mikado.
Fuente proporcionada por HVD.

Library of Congress Cataloging-in-Publication Data

Names: Cook, Jennifer, 1975–author.
Title: Mi amiga Julia : un libro de Sesame Street sobre el autismo / Jennifer Cook.
Other titles: My friend Julia. Spanish
Description: Mineápolis : ediciones Lerner, [2026] | Includes bibliographical references and index. | Audience: Ages 4–8 | Audience: Grades K–1 | Summary: "Meet Julia! Julia is an autistic girl who loves art and her family. Join Elmo, Abby, and the rest of the Sesame Street crew as they introduce Julia and all the things that make her special. Now in Spanish!"—Provided by publisher.
Identifiers: LCCN 2024051852 (print) | LCCN 2024051853 (ebook) | ISBN 9798765668207 (library binding) | ISBN 9798765683347 (paperback) | ISBN 9798765674017 (epub)
Subjects: LCSH: Autism–Juvenile literature. | Autistic children–Juvenile literature.
Classification: LCC RJ506.A9 C668518 2024 (print) | LCC RJ506.A9 (ebook) | DDC 618.92/85882–dc23/eng/20250122

LC record available at https://lccn.loc.gov/2024051852
LC ebook record available at https://lccn.loc.gov/2024051853

Fabricado en los Estados Unidos de América
1-1011945-53753-12/24/2024